AF274269

MEMENTO MORI

~

David Gascón
TEXTOS

Víctor Pastor
ILUSTRACIONES

EDICIÓN ESPECIAL ~ Primer Aniversario

PRENSA DIARIA ARAGONESA

Primera Edición - Diciembre 2019
Revisión: Rosa María Cabrejas
Maquetación: Luis López

© Copyright Textos: David Gascón
© Copyright Ilustraciones: Víctor Pastor

ISBN: 978-84-95490-44-5
Depósito Legal: Z-2018-2019
Impreso en España. Printed in Spain.

Prensa Diaria Aragonesa S.A.
Hernan Cortes, 37
50005 , Zaragoza, SPAIN
Tel. 976700400
Contacto Autores: dg@davidgascon.com

Redistribución de la edición original por:

© Letras del Caos S.L.

© Texto: David Gascón

ISBN: 978-84-128490-3-5

ISNI: 0000 0005 1423 7612

Ref. Catálogo: LDC-002

Impreso en España.

LETRAS DEL CAOS S.L.
Apartado de Correos 14036
50009, Zaragoza (SPAIN)
https://letrasdelcaos.com
contacto@letrasdelcaos.com

INTRODUCCIÓN

Memento Mori, expresión latina que reza: «recuerda que vas a morir», recoge doce artículos de pensamiento filosófico escritos por David Gascón e ilustrados por el pintor Víctor Pastor.

Originariamente publicados en el Periódico de Aragón durante 2019, los textos se centran en la exposición de determinados temas de la vida cotidiana que al ser tratados desde puntos de vista poco comunes, y sin la realización de juicios apriorísticos, muestran el mundo que nos rodea con una hondura y complejidad insospechada. El objetivo último es que seamos capaces de usar el entendimiento del mundo exterior como una forma de conocimiento propio.

Cada uno de los artículos consta además de una composición audiovisual creada por los realizadores Indiana Caudillo y Francisco Bernal, que facilita el disfrute a quien además de leer los textos, le gustaría sentir el fluir de los conceptos contados por un tercero.

Todos los audios han sido narrados por el mismo autor para enfatizar los puntos clave y ayudar a entender la intencionalidad de los recursos usados en cada uno de los textos. Los vídeos y audios pueden ser encontrados para su visualización y escucha en la dirección:

http://libro-mementomori.com

Además, a petición de los lectores que siguieron las ediciones publicadas en el Periódico mes a mes, la editorial ha decidido añadir dos secciones extra. Una primera denominada "Extractos" donde se incluyen las frases más significativas de cada artículo, y una sección "Glosario" que servirá como ayuda al lector con las definiciones de las palabras menos comunes usadas en los textos, pues al fin y al cabo, este libro intenta llevar a quien lo lee por nuevos caminos de pensamiento, así como por nuevas formas de expresión. En última instancia, de lo que realmente se trata es de que cada persona termine accediendo a nuevas realidades que hasta el momento se le hacían ignotas. Comencemos.

~

Fui quod es, eris quod sum

~

Una vez fui lo que tú eres, y tú serás lo que yo soy
(Epitafio grabado en una lápida romana)

ÍNDICE

LA SACRALIDAD DE LO MUNDANO

No me gustan las religiones, pero guardo un cariño especial por la liturgia. Hablo de las pequeñas ceremonias, muchas veces formadas por coreografías de gestos y visajes. Siempre me gustó ver como mis abuelos se santiguaban al salir de casa la primera vez del día. Un gesto cotidiano, casi automático, pero con un halo numinoso que nimbaba la escena y le daba un cariz sacro que la sacaba del tiempo.

Pedir un vino es un ballet de coreografías milimétricas entre el camarero y el comensal. Acercar la botella y enseñar la etiqueta, esperar con semblante grave la primera anuencia. Abrir la botella y preguntar «¿quien lo probará?». Servir un poco en la copa y volver a quedarse sesgo como una estatua, incólume. Por su parte el degustador ya ha cogido la copa, la tabalea ligeramente y se la acerca a la nariz. La separa y la inclina contra el mantel para que la luz haga distinguir los ribetes en el borde. Se lo lleva a la boca y realiza una pequeña libación, paladeándolo y finalmente haciéndolo pasar por

la garganta. «Está bueno» dice, dando la aquiescencia final. El camarero por su parte hace un neuma con la cabeza y procede.

Encender un cigarrillo también lo es. Ese momento en el que el cigarro pasa del paquete a la mano, de la mano a la boca, y lo retenemos ahí sin encenderlo, apretándolo suavemente con los labios mientras sacamos el mechero el cual a su vez guardamos en la mano de nuevo. Sin prisa. Dilatando el momento del fuego, casi como una escena taumatúrgica. Entonces viene la primera bocanada de humo perlado que nos invade como niebla sobre la montaña. Sordina para las agujas del alma.

La liturgia de la cortesía y la educación es un intangible en la sociedad más valioso que el mismo oro del Perú. Saludar al llegar a un sitio, despedirnos después. Dar las gracias cada vez que nos atienden, hablar de usted a cualquier persona que no conozcamos. Y sí, abrir la puerta para que ella pase, retirar la silla para que se siente, esperar a que comience a comer para hacerlo nosotros. Y por supuesto, el clásico de los eventos sociales: llevar la americana puesta durante el día sufriendo la canícula estival y dársela a ella por la noche cuando refresca sabiendo que nos quedaremos ateridos. Porque no sólo no nos cuesta, sino que hacemos cada uno de esos gestos con secreto regocijo.

La jura de bandera o el salto de la reja de los almonteños para coger el paso de la Virgen del Rocío son otras muestras de ceremonias donde lo realmente encomiástico es la persona. Los símbolos que en principio podrían parecer el centro de la acción: la bandera, el paso; quedan relegados a un segundo plano pues lo laudable es la devoción e intencionalidad de la misma persona que participa en ellas. Y si no se lo creen, vean la *rompida* de la hora en Calanda y me dicen si son tañidos de tambores o plañidos de almas los que rasgan la negrura de la noche.

La ceremonia del sexo nos llevaría un artículo entero. De la procacidad y concupiscencia primero, al silencio sacro y la quietud de los cuerpos después. El decoro -en cualquier caso- para las reuniones en sociedad. Pero para acto litúrgico como pocos el de la despedida en la estación. Los besos y abrazos primero, las palabras al oído después. Un último beso; no espera, uno más. El saludo a lo lejos camino al andén. La caras luctuosas, el mirar atrás; una vez, dos veces. El último adiós con un pie en la escalera del tren. Vale.

~

UN BEL MORIR TUTTA
UNA VITA ONORA

Parece mentira que aún hoy en día tengamos que pelear por nuestro derecho a irnos, que tengamos que buscar la aquiescencia de la familia, amigos, y -en última instancia- del resto de los coetáneos sobre la elección del momento y el lugar donde poner el punto final.

Dice una expresión latina que el gladiador decide su futuro en la arena. Y es ahí donde el hombre ha de elegir entre quedarse o salir; porque, si bien no tuvo en su mano la elección de venir, al menos sí tiene la de irse. Y la arena es donde cada uno se siente a gusto, y desde luego no es un hospital, una sala de urgencias, ni por su puesto, una unidad del dolor.

No es casualidad que el verbo «despenar» se use en muchos países de Latinoamérica para referirse a la ayuda que se presta a una persona que está sufriendo para ponerla a salvo de los «tormentos de la memoria», como decía Gabo. En España también tenemos un verbo similar; busque en la RAE la definición de «auxiliar» y verá que la segunda acepción dice: «ayudar a bien morir».

Mucha gente acaba sus días en un estado valetudinario y exangüe, sufriendo los más espantosos dolores, y lo que es peor, sin ni si quiera poder atenderse a sí misma. Alejados de la misma naturaleza humana que nos define, como un pétalo marcescente que permanece unido a la flor pero que en realidad yace exánime. Y todo por no tener el cuajo y el tronío de abrazar a la muerte como adultos libres y dueños de nuestro propio destino. En su lugar se intenta mendigar unos meses o años más de vida, casi siempre periclitados e inanes, pensando que se hará en ese tiempo lo que no se ha hecho durante el resto de la vida. Y así es más noble salir con la cabeza alta de una vida de excesos que llorar puerilmente como párvulos medrosos ante la inminencia de la muerte por no haber sabido sacar partido a los años que se nos dio de ventaja.

Porque la vida se mide en hondura y no en largura. Y así, el escandio de ésta no lo han de dar los amaneceres sino los momentos meritorios dignos de ser recordados. Pues sólo el hombre que ha vivido de verdad afronta la muerte de cara, sin importarle cuando ésta tenga que venir o si hemos de ir a buscarla.

Ya en un pasaje de *El Extranjero*, Camus expone como un hombre que ha sabido vivir un solo día de su vida a fondo puede pasar el resto de ésta con el recuerdo de ese día. Habría que ver cuántas personas pueden decir que han llevado una vida digna de ser terminada en este mismo instante. Porque las vidas loables pueden ser segadas en cualquier momento mientras que las que no lo son pedirán aplazamientos para intentar sumar en anchura lo que no hicieron en profundidad.

La gente se permite el lujo de opinar sobre el final de sus convecinos con la seguridad del que ve la función desde la platea, sin darse cuenta de que realmente es el cadalso el lugar desde donde columbran el destino de los demás. Pues la distancia de todos los hombres con la Parca es la misma, y olvidan que siempre se soportan mejor los dolores ajenos que los propios. Y por ello mismo, poco ha de importarnos la visión de los demás, pues éste no es un tema que pueda tratarse de manera vicaria a través de albaceas o testaferros, y mucho menos esperar a contar con el beneplácito del omnímodo estado.

Las cartas de Séneca a Lucilio son tal vez la más clara exposición del acercamiento a la muerte y tienen la misma vigencia hoy que hace veintiún siglos cuando fueron escritas: «Morirás. Esto es naturaleza del hombre, no pena. Morirás. Derecho es de las gentes volver lo que recibiste. Morirás. Ni el primero ni el postrero. Muchos murieron antes de mí, todos después. Morirás. Este es el fin del oficio humano». De forma estúpida al hombre le aterra el «no ser», siendo que antes de nacer no fuimos y que dentro de un tiempo no seremos. Por tanto, lo que hay que temer realmente es este estado temporal y volátil que es el ser, y ser conscientes de que sólo en vida se alumbra el dolor.

Sobre la posibilidad de elegir si seguir aquí o no, Séneca continúa «En efecto, está decidido que mueras algún día, aun contra tu voluntad, y que mueras cuando te plazca está en tu mano; lo primero es inevitable, lo segundo se te permite». Y no sólo hemos de pensar que la honrosa salida ha de venir con dolores físicos, pues una madre o un padre que pierden a un hijo tienen el mismo derecho a exonerarse de ese sufrimiento que el peor de los condenados que lleva la carga de un dolor físico lacerante.

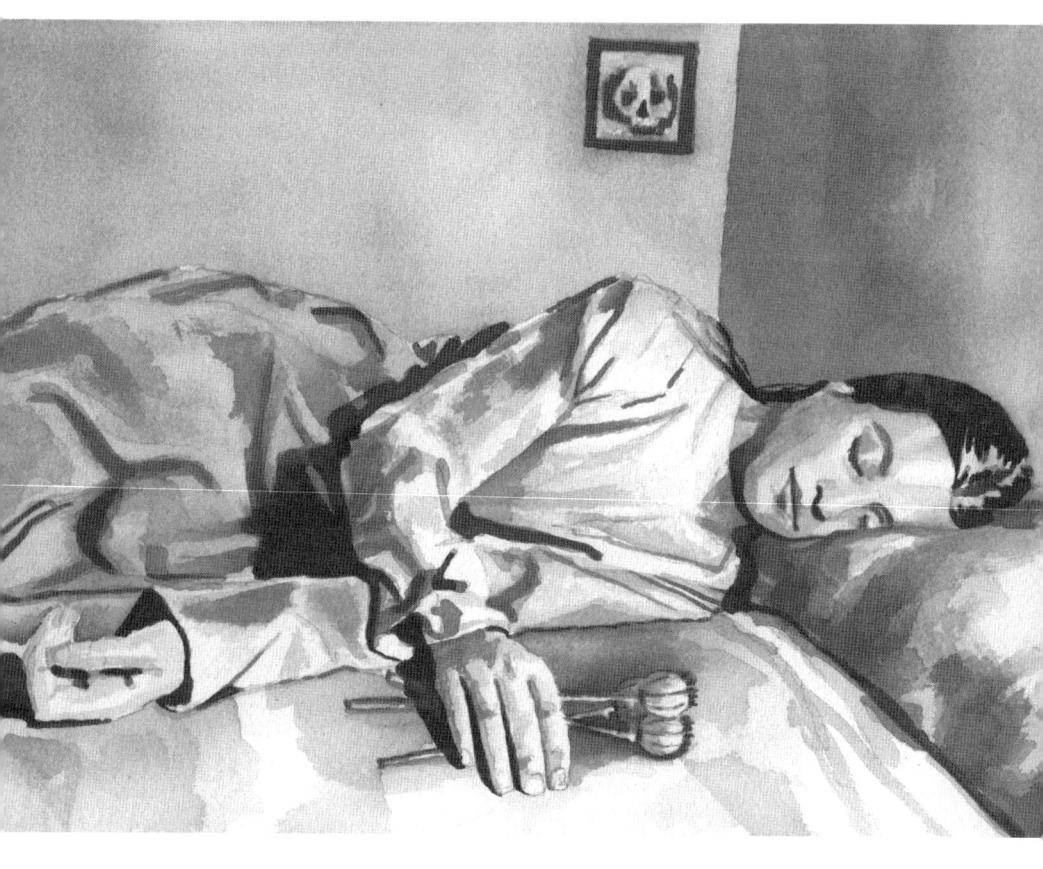

Hoy en día no se encomia y promulga el valor de *morir por* (por tener una salida digna, por huir del sufrimiento) sino que se exige que todo el mundo *muera de* (de una enfermedad, de viejo). Morir *de* es un acto pasivo mientras que morir *por* es un acto activo. Una acción volitiva del individuo. Y así una salida a tiempo debería ser una loa a la bravura y al valor de esa persona. «Un hombre debe morir orgullosamente cuando no es posible vivir con orgullo», decía Nietzsche. Otra cosa muy distinta es que finalmente el miedo nos paralice y no nos deje actuar como sabemos que tendríamos que hacer.

Ya Escohotado apuntaba como la sanidad debería proveer en un primer momento de las medicinas necesarias para escapar del sufrimiento, primero temporal, y después -y esto lo digo yo- definitivamente; y recalco sufrimiento y no dolor. Pues el dolor es sólo un tipo de sufrimiento físico. Y así, ampliar la gama de los opiáceos que se le ofrece al paciente, y no centrarlo sólo a los que adormecen los nervios sino a los que sirven de solaz para el alma. Sólo entonces podremos decir en vida lo que rezaba aquel epitafio «está donde el dolor no puede alcanzarle».

El hecho de que defienda esto con mis treinta y seis años no es porque tenga pensado salir de forma inminente, pues aún me siento fajador para bregar con las cuitas de la vida, pero lo veo como una inversión a futuro, pues defiendo algo a lo que tendré que enfrentarme tarde o temprano, y -siendo franco- usted no correrá una suerte muy distinta a la mía.

LA IMPORTANCIA DE ENCORUJARSE

Si bien he estado aprendiendo inglés desde que era un niño, lo que la lengua vernácula aporta es mucho más que una forma de comunicación de mensajes, pues el idioma propio añade una carga semántica capaz de modular y acendrar muchos detalles del mismo contenido a transmitir. De ahí que un español tenga mucho más en común con un argentino, un mexicano o un colombiano, que con la gente de ese país vecino que se encuentra a veinte kilómetros al norte de los Pirineos.

Por ello, cuando me preguntan cuál es mi patria, respondo siempre recordando lo que decía el granadino Francisco Ayala: mi patria está allá donde se habla español. Y así es, pues es en esos lugares donde siento que puedo expresar, no sólo el contenido del mensaje, sino la carga emocional plena asociada al mismo. Y esto mismo coincide con lo que el filósofo austriaco Wittgenstein decía acerca de que la realidad a la que puede acceder el hombre, está limitada por las capacidades y limitaciones del lenguaje que conoce.

Vamos, que tenemos la capacidad de crear o destruir el mundo que nos rodea a partir de las palabras que usamos para describirlo. No es poca cosa.

Y llegamos a crear palabras como *encorujarse,* que es un verbo reflexivo creado a partir de un sustantivo: *la coruja,* que no es sino otra forma de referirnos a la lechuza. Y ésta lo que hace cuando llega al nido es plegar las alas y hacerse una con sus polluelos apretándolos contra ella. Y así encorujarse es hacerse un ovillo, como cuando un perro da dos vueltas sobre sí mismo y entonces se tumba sobre nuestros pies, o cuando un gato se hace una bola encima del radiador, o cuando ella se acerca en la cama y se entrelaza de forma que no queda un milímetro de espacio entre ambos cuerpos. Todo eso es encorujarse, y es importante, muy importante contar con una palabra que lo agrupe y le dé sentido. Y ya de paso, que haga que recuperemos un poco la fe en el ser humano.

Y así de vez en cuando descubro palabras que esconden un significado que no es necesario para vivir, pero que nos ayudan a entender la vida, y en última instancia, quiénes somos. Pues me hago consciente de que alguien supo fijarse en ello y crear una palabra para contener un significado que luego se usaría con fruición y constancia. Pienso en la persona que sentada en el acantilado alumbró *adarce* para referirse a esa capa de sal brillante que cubre las rocas que el mar baña; y en ese momento al alba en el que alguien silabeó *rosicler* para definir el color que torna el cielo cuando alborea colores rojos, azules y amarillos, sin ser ninguno de ellos pero siendo todos a la vez. Y también en quien tuvo la presteza de regalarnos *coevos* para referirnos a las cosas que tienen que pasar a un mismo tiempo, como cuando nace un primer hijo y trae de la mano la palabra «madre» que regala a esa mujer que -aún entre resuellos- lo contempla con los ojos encendidos.

Para los que el español es nuestra lengua vernácula pese a haber tenido una segunda lengua en la infancia hay una prueba definitiva que el escritor mexicano Carlos Fuentes propugna para conocer cuál es la médula de nuestros huesos: el verdadero idioma de una persona bilingüe es el idioma que se usa a la hora de insultar y a la hora de follar; y sí, digo follar y no *hacer el amor*, porque tal vez cuando se hace el amor se puede hablar en latín clásico, pero cuando se folla no. Y perdonen que descarte los eufemismos, pero es que las jaculatorias de tálamo y alcoba no entienden de corrección política.

Mucha gente que abraza el inglés como segunda lengua adolece de una dosis de estulticia creciente al intentar usar las interjecciones anglosajonas en una conversación en ese idioma, todo en pro de una supuesta muestra de facundia vocinglera, como si se tratara de algo que aporta, cuando en realidad no hay nada más artificioso y alejado de uno mismo. Y así terminan poniendo la voz forzada y subiendo dos tonos para entonar un falso «oh my God! really?». Claramente el problema de fondo viene de que no se oyen desde fuera.

Así que enhorabuena. Si está leyendo esto es que conoce uno de los idiomas más complicados y completos del mundo. Miel sobre hojuelas. Pero hablar español exige una responsabilidad de la que poca gente es consciente. La responsabilidad de estar a la altura de una lengua que permite recrear el mundo a cada paso y recuperar los recuerdos como si fueran una realidad inmanente; dándonos la capacidad de revivir cada cosa que la memoria esconde. Y haciendo que la dispersa bruma se torne en una efigie límpida, y nos permita revivir algo que jamás pensamos que podríamos volver a hacer.

DE PRÍMULAS Y OROPÉNDOLAS

Porque llega abril y estamos salvados. Ha pasado el invierno que no es una estación sino un estado de ánimo. Y más en este país, porque España es un país luminoso pero no cálido. Inviernos fríos y grises, otoños húmedos henchidos de ocre, primaveras tibias con luz rutilante y un estío canicular que pronto reventará el día sobre nuestras espaldas.

Y así en abril cada recodo no asfaltado se abre a la vida, y nos parece imposible que haya crecido un trebolar recamado de flores en una sola semana en ese parque que nadie cuida. Porque la vida se abre camino, y en cada grieta del asfalto o entre dos tejas sale un retoño retador, enhiesto y desafiante que nos hace parar a mirarlo, y nos recuerda que la vida no pide permiso, y que un tallo similar seguirá saliendo, flamenco y juncal, cuando nosotros sólo seamos polvo en el polvo. Polvo enamorado o no, eso poco importará entonces.

El aire se llena de unas vetas tibias que atraviesan la ciudad con un olor mezcla de almizcle y verdín, dando una sensación de extraña quietud; esa sensación de que tenemos delante el comienzo de toda posibilidad y que hace nacer un atisbo de alacridad en toda persona que no odie todo lo que la rodea. Y esa tensión en el aire queda velada por vibrátiles bailes de libélulas y melifluos zumbidos que surgen en todo nuestro redor en busca de cualquier tipo de flor rasgada en polen.

Y claro, es tiempo de prímulas en el camino y de oropéndolas en los árboles. Pero de prímulas que no oleremos y de oropéndolas que no oiremos; porque como decía JM Barrie: «Dios nos dio la memoria para que pudiéramos tener rosas en diciembre», y así, es más fácil tener memoria para recordar la rosa cuando no está, que tener ojos para verla cuando la tenemos delante. Y uno se da cuenta de que observar con detenimiento es mucho más difícil que recordar, y recordar más difícil que juzgar, y juzgar mucho más que prejuzgar. Pues para lo bueno o lo malo ya nos hemos hecho un juicio y buscaremos cualquier cosa que esté a nuestra mano para hacer que se cumpla.

Juan Ramón Jiménez escribió una vez un breve poema que reza «no la toques ya más, que así es la rosa». Porque la realidad de la rosa es superior a la idea de ésta y a las representaciones que podamos hacer de ella. Cójala en la mano y mírela de cerca y verá como la realidad -por banal y sencilla que ésta parezca- es infinita, y todo lo demás burdos remedos, como intentar dibujar un círculo con escuadra y cartabón. Y así, la rosa se ríe de nosotros. De nuestras palabras al describirla, de nuestros cuadros al pintarla, de nuestras fotografías al retratarla, de nuestras películas al filmarla.

Nada más fuerte que esa realidad que exultante nos mira retadora, pero a la vez nada más etéreo y delicuescente. Pues sólo lo que es real puede dejar de serlo, y tanto los pétalos perlados de rocío como las espinas afiladas e hirsutas que nos sangraron la mano, desaparecerán en pocas semanas ante la incredulidad de una esperanza que sigue soñando con algo parecido a la inmanencia.

Ya termino, y lo hago haciendo mías las palabras del escritor francés Jean Cocteau cuando le preguntaron qué salvaría de su casa si se estuviera quemando, y respondió: «El fuego. Lo que salvaría sería el fuego». Pues eso, salve el fuego porque quien salva el fuego tiene abril, y prímulas, y oropéndolas, cada mes del año.

~

DE LA IMPORTANCIA
DE TENER PUEBLO

De las infinitas formas que existen para diferenciar a las personas basándose en las experiencias vividas, hay una que de forma significativa pergeña amplias lindes en la relación que tienen con el mundo: los que de niño han tenido pueblo y los que no.

Y es que tener pueblo permite al bisoño acceder a un mundo cuya realidad es mucho menos almibarada y pacata que la de la ciudad. Es la ambivalencia entre la vida y la muerte. Y así, el mismo niño que destroza a pedradas el nido de la golondrina, sacará adelante al polluelo caído, alimentándolo con pan untado en leche mientras siente con sorpresa como esa bola de plumón trémula y caliente late sobre la palma de su mano.

El núbil recibe las lecciones del mundo en sus propias carnes, y así descubrirá la forma y color de las ortigas después de que su piel se haya taraceado numerosas veces con exantemas y roséolas, y diferenciará el tomillo de la aliaga cuando las púas amoladas de ésta le hayan escarificado brazos y piernas durante sus caminatas campo a través.

La postal de los pueblos españoles es casi siempre la misma: casas enjalbegadas para mitigar el calor del estío, un campanario engaviado en lo alto, caminos exornados por un manto de pequeñas *piedras de muladar* al paso de las ovejas, y ese pequeño regato casi siempre seco, sin peces pero con ranas, que tantas horas de entretenimiento dan a los impúberes.

En la noche, las viejas farolas pintan las calles de un amarillo macilento que forma parte ya del paisaje bucólico moderno; pero no será hasta el conticinio cuando el vientre ebúrneo de la lechuza resbale sobre los tejados de las casas camino al campanario, donde permanecerá horas enteras rasgando la noche queda con su silbo.

En el pueblo cualquier refacción es una fiesta, porque allí no se come, se embaula. Migas, rancho y raciones abundantes de longaniza, chorizo y queso sirven de pábulo en cualquier momento del día, siempre acompañadas por buenos tragos de lo viejo, servidos sin distinción en bota o porrón, zaque o colodra.

Y el tañido del esquilón de la iglesia que llama a misa, porque los pueblos son el último reducto de la fe en este país. «María, segundo toque ya», decía mi abuelo, siempre tan atento a no hacer tarde a ningún sitio; con esas lecciones de educación y decoro que tanto se estiman por esos lares y las cuales mucha gente de la ciudad ha cambiado por una fatua y enteca cultura, como si no fuera posible tener ambas.

Y las mujeres tomando la fresca en la calle le preguntan a uno «¿y tú de quién eres?», queriendo conocer cuáles son mis raíces en ese pueblo o si sólo soy un foráneo que está de visita. Porque claro, en los pueblos existen dos tipos de personas, los de allá y el resto.

Pero si algo me llevo de mis veranos de infancia en el pueblo es el disfrute de los mayores bailando el pasodoble, recordando como giraban agarrados por la plaza y sintiendo como después de cuarenta años juntos se necesitan y por eso se quieren, y a la vez se quieren y por eso se necesitan. Y eso es algo que nuestra generación ya no verá -y perdonen- en la puta vida.

~

SOBRE EL GUSTO Y EL ARTE

La esencia del arte es la sensibilidad humana. De ahí que el fondo del arte hoy y en los prístinos días de la historia del hombre sea el mismo. Coja una poesía de hace veintitrés siglos -tiempo de los griegos- y una publicada este año y verá como los temas tratados por los vates de entonces son los mismos que por los de ahora: el miedo a la muerte, el amor no correspondido, la necesidad de la aceptación de los coetáneos, etc. El arte siempre enfrenta al hombre con sus miedos y pasiones, y éstos no han cambiado desde que el hombre es hombre. Lo único que ha cambiado son detalles coyunturales que nimban los hechos y los centran en este o aquel desarrollo cultural.

En una primera instancia podría parecer que el arte es una forma de conocer el mundo que nos rodea; sin embargo, lo que en el fondo se esconde es una puerta al conocimiento propio. Pues la conciencia, al igual que el ojo, nunca sería capaz de verse y

conocerse a sí misma si no es a través del reflejo de la realidad exterior que se proyecta sobre nosotros.

Desde el punto de vista del creador, la realización de la obra es más importante que la obra en sí misma terminada. Así lo vemos en los bonzos, monjes tibetanos que durante semanas construyen los alambicados tapices de arenas de colores sobre el suelo, dédalos con miles de intrincadas lacerías y mosaicos. Una perfección milimétrica que es destruida en pocos segundos una vez terminada la obra, demostrando que la voluntad de creación es mucho más importante que el trabajo terminado. Pues el arte por definición es algo siempre incompleto. También lo vemos en ese viejo maestro alfarero que deja paso al núbil aprendiz en una ceremonia donde rompe su mejor vasija en una miríada de pequeños pedazos para que el epígono pueda mezclarlos con su propia arcilla y continuar con el sempiterno proceso de creación de nuevas obras.

Desde el punto de vista del espectador el disfrute del arte es algo personal. Privado. Es la proyección de la cosa observada, escuchada, sentida, en uno mismo. De ahí que no exista el arte bueno o malo, pues al igual que con las personas, existe aquélla que nos gusta más o menos. E intentar hablar de valoraciones y ponernos a adjetivar siempre llevará a la obra a un mundo comparativo dependiente de una segunda, tercera, enésima obra, y por supuesto del gusto y las experiencias del individuo. Georges Braque -pintor cubista francés- decía que lo único que de verdad importa de aquello que nos gusta es justo lo que no somos capaces de llegar a expresar. Y es ese «no sé qué» lo que de verdad importa. Montesquieu a su vez decía que la belleza proporcionada y simétrica sorprende una sola vez, mientras que las cosas con alma se van mostrando poco a poco, y es en ese fluir de lo inesperado donde la persona queda atrapada ante la realidad que va adquiriendo poco a poco razón de existir dentro de nosotros mismos.

De ahí que para disfrutar del arte no sólo no es necesario -sino contraproducente en muchos casos- conocer la historia que lo rodea. La obra es resultado, y es ese resultado al que nosotros accedemos. Poco importa lo que el autor quiso expresar frente a lo que el espectador siente. Pobre del libro que necesita un prólogo para ser entendido, pobre del cuadro que necesita un guía para ser disfrutado, pobre de la canción que necesita un crítico para ser sentida.

Cicerones, guías y doctos libros explicando el contexto de lo observado no son sino actos de onanismo para el embaulador de arte. Y claro, uno se va dando cuenta de que no es necesario conocer la historia de un cuadro, una canción y mucho menos de una persona, para llegar a disfrutarla. Y claro que no, no compensa visitar las mejores obras de arte navegando a través de bataholas de turistas. Tráfagos de petimetres que son pertinazmente estibados en grupos, hordas, recuas. Taifas que enarbolando cámaras apuntan aquí y allá, pues lo que importa es inmortalizar el *yo estuve*, no lo que *yo sentí* o lo que *yo fui* en ese momento. La preponderancia del estar sobre el ser.

Pero no olvidemos que el arte viene especialmente en los malos momentos al rescate del hombre. Pues como decía Sabina «el hombre que es feliz con su chica está en la cama con ella y no haciendo canciones». Porque el que es feliz lo es de una sola manera mientras que el que sufre lo hace a su modo, pues no hay nada más ínsito a cada persona que las cuitas que ésta sufre. Y ahí es donde un cuadro, un libro o una canción vienen a nuestro rescate y nos distraen por un momento del irremediable destino del ser.

ENCUENTRA LO QUE TE GUSTA
Y DEJA QUE TE MATE

Cuenta Plutarco que Pirro, general y rey de Epiro -antigua Grecia- contaba al filósofo Cineas sus planes para conquistar el mundo: «'Primero vamos a someter Grecia', decía. '¿Y después?', le pregunta Cineas, 'Ganaremos África'. '¿Y después de África?', 'Pasaremos al Asia, conquistaremos Asia Menor, Arabia'. '¿Y después?', 'Iremos hasta las Indias'. '¿Y después de las Indias?'. '¡Ah!', dice Pirro, 'descansaré'. Y entonces Cineas le increpó 'Si de descansar se trata, ¿por qué no te sientas aquí conmigo y descansas inmediatamente?'». La disquisición de Cineas bien podría parecer llena de sentido, pues si de *descansar* es de lo que se trata, se podría hacer directamente sin necesidad de bregar con todas esas cuitas arriesgando su vida y la de todo su ejército. Pero aquí hay un doble engaño. Por un lado Cineas pasa por alto que el hecho de descansar sería sólo posible cuando Pirro sienta que ha cumplido su fin, pues todo goce es proyección del pasado superado hacia el presente, y sólo entonces uno se puede sentir digno del citado descanso. Y por otro lado, Pirro también se engaña, pues no podrá solazarse en el descanso tras aquellas ímprobas empresas, sino que en ese momento se exigirá una meta aún mayor, pues la meta del hombre es el mismo camino; vamos, que no hay meta real sino un camino que tras ser recorrido dimana nuevas bifurcaciones que hay que seguir eligiendo para continuar hacia adelante. Ya Heidegger decía del hombre que es un «ser de lejanías», pues está siempre mirando hacia adelante, hacia lo que quiere ser. Y así no importa tanto la meta conseguida sino saberse presente en el camino de la siguiente.

La opción del fracaso es clave para que el fin tenga sentido. Porque si no hay opción de fracaso -incertidumbre- sólo queda esperar el devenir como efigies quiescentes. La ilusión del triunfo deriva de que he conseguido lidiar con el destino y llegar a hacer presente mi voluntad. Si estoy contento de que la chica que me gusta haya aceptado salir a cenar es porque también me podría haber dicho que no. Así de simple. Y así como sin incertidumbre no hay disfrute en la victoria, sin esfuerzo contra el que bregar no hay disfrute en la lucha. Pues como exponía Kant, la paloma no puede volar si no tiene aire que vencer para mantener el vuelo, y caería míseramente en el vacío sin que su aleteo sirviera para nada, pues es el mismo aire que la obstaculiza el que permite mantenerla en vuelo.

El indolente Bukowski aplicaba la máxima «encuentra lo que te gusta y deja que te mate», arguyendo que dado que vamos a morir lo queramos o no, tendría sentido buscar para este tránsito un coadyuvante que al mismo tiempo actuara también de lenitivo. En su caso esto incluía la tríada: escribir, beber y pernoctar con mujeres de vida disipada (cosa bastante entendible en cualquiera de sus tres vertientes). Pero esto no lo tenemos que ver limitado a bajas

pasiones, sino que también incluiría los grandes proyectos de la vida de las personas: una vida de trabajo, de estudio, un amor. Dejar que aquello que supone la médula del deseo se apodere de nosotros y vivamos para llevarlo a cabo dará sentido a nuestra existencia. Y ya salgamos supérstites o claudiquemos exánimes siempre tendremos la tranquilidad de haber podido elegir. Incluso cuando el hombre ahíto de la vida se abroquele en no tomar ninguna decisión estará decidiendo con su renuncia a ello; pues el querer volitivo se proyecta y nunca podrá entenderse de manera vicaria o a través de coadjutores.

Sartre en *El Ser y la Nada* nos cuenta como los anhelos, ausencias o vacíos que el hombre tiene se crean siempre a partir de una voluntad de querer llenarlos. Es decir, que no existe ausencia (la nada) antes de que exista el deseo (el ser). Primero el hombre ha de estar en el mundo y entonces descubrir cuáles son sus anhelos, y entonces generará la voluntad necesaria para conseguirlos y hacer ese fin suyo. Y sólo entonces nacerá una ausencia o sensación de vacío que tiene que llenar, y eso es lo que origina la acción. Pero ésto no se limita sólo a la experiencia, pues se puede anhelar un amor pasado, pero también se puede anhelar un amor idílico que nunca se tuvo y probablemente nunca se tendrá. Lo imaginado es tan real en el mundo de la voluntad del deseo como cualquier otra cosa que sí exista en el mundo de los sentidos. Y pobre del hombre que no sienta esto pues significará que está muerto en vida, que es una de las infinitas maneras de morir.

Pero finalmente, casualmente, felizmente, la conquista llega, y entonces dos tipos de comportamientos dividen a las personas en sendos grupos: los que quisieran que ese excelso momento durara para siempre -cosa imposible-, y los que nos gustaría que en ese momento se acabara todo -cosa improbable-. Por si acaso, cuando tengo un momento de verdadera dicha siempre miro por la ventana por si un meteorito jalonara la tierra y llegara a culminar con benevolencia la magnanimidad de ese instante. Por el momento no ha sucedido, pero les aseguro que no pierdo la esperanza.

~

DE LA IMPOSIBILIDAD
DE DESCRIBIR EL ORGASMO

Hay dos tipos de sensaciones inefables por excelencia. Unas son las que sabiendo qué sentimos no somos capaces de expresarlo de forma plena con palabras, como cuando tenemos un sentimiento de enamoramiento, tristeza, miedo cerval o incluso un sueño misterioso. «Tan complicado como tejer una cuerda con arena», decía Borges. En este caso al menos contamos con un lenguaje interno capaz de darnos a entender a nosotros mismos de qué se trata, y aunque no podamos describirlo a los demás de forma fidedigna a través del lenguaje *gramatical*, podremos escorzar un mal trasunto de ello. Sin embargo, hay un tipo de experiencia sobre la que carecemos de cualquier tipo de control semántico incluso para nosotros mismos: el orgasmo.

Si nos paramos a analizar el tema de cerca y a rescatar los recuerdos de nuestro abolengo de alcoba, seguramente nos asaltarán distintos momentos licenciosos del acto sexual: pensamientos sobre el cuerpo

y sus movimientos lúbricos, el baile de miradas procaces o incluso los gemidos salaces que rasgan el silencio de la habitación. En fin, detalles todos ellos de la misma concupiscencia que nimba el acto sexual. Sin embargo, cuando intentemos dilucidar el momento mismo del orgasmo llegaremos a la conclusión de que difícilmente podemos recordar más allá de una sensación medida en burdo nivel de intensidad y número de veces. Y así cuando intentamos describir ese momento nos vienen a la cabeza cosas como las exclamaciones que dijimos: ¡dios!, ¡me muero!, o cualquier otra interjección que lejos de darnos a conocer qué fue aquello, simplemente nos permite simplificar el punto a donde nos hizo llegar. Y lo interesante es que realmente tiene que ser así.

El orgasmo en realidad es el único momento -si excluimos la toma de sustancias visionarias- donde la consciencia se va a permitir una desconexión de la realidad: de lo que nosotros somos, de lo que el mundo es, de lo que la memoria esconde. Fundido a negro. No en vano los franceses lo llaman *la petite mort* (la pequeña muerte). Es el momento donde nos situamos al borde del abismo, delante de *la nada*, de la completa ausencia de aferencias externas e internas. Pero a la vez, delante de *el todo*, pues como decía Nietzsche: "cuando un hombre mira al abismo, el abismo también le mira a él". Y así del vacío absoluto pasamos al encuentro con una fuente de energía telúrica que por un solo instante todo lo puede. No en vano *libido* significa: pulsión, deseo, pero también *energía vital* como solía describirla Freud.

Bien he de decir que en esto las mujeres nos llevan mucha ventaja a los hombres, pues tienen distintos tipos de orgasmo según la zona excitada, así como posibles combinaciones de todas ellas, dimanando un hontanar de sensaciones que van más allá de lo que los hombres podemos sentir con nuestro intenso y *exógeno* -pero simple- orgasmo. Si a eso le sumamos la capacidad de tener orgasmos múltiples en poco tiempo, nos damos cuenta de que aunque parece que es el hombre quien más busca y disfruta con el sexo, no es parangonable cuando estamos en frente de una mujer dispuesta a aprovechar la situación al máximo.

Me atrevo a pensar que para suplir la falta de palabras reinante a la hora de describir el orgasmo podríamos partir de los conceptos que son usados en el mundo de las sustancias psicoactivas, pues sus efectos se asemejan mucho a los de éste, si bien varían obviamente en intensidad y extensión temporal. Pero aquí tenemos la ventaja de que contamos con un acervo literario algo menos censurado que el dejado por los escritores perdularios. Así sabemos que los griegos ya hablaban de los efectos *enteogénicos* (dios dentro), que las tribus del amazonas usaban combinaciones de lianas para dar con la *ayahuasca* (el espíritu arrojado), que los árabes hablaban del alcohol (*al-kukhū*) como el espíritu de la sustancia, y que *éxtasis* (subida, plenitud) era palabra griega usada ya para describir sensaciones voluptuosas y momentos que no eran dependientes del tiempo, sino que permitían una parada del mismo o incluso contenerlo enteramente en cada instante.

Pero aún sin el lenguaje necesario para describir el orgasmo tenemos la suerte de que no dejaremos de disfrutar de aquella sensación, pues se trata de una comunión personal con la última instancia del universo, y el hecho de que esté rodeada de misterio e inasibilidad nos permite disfrutarla sin vernos en la obligación de entenderla y mucho menos de controlarla. Y eso, definitivamente nos libera y nos permite centrarnos en disfrutarlo como si fuera el fin último por el que estamos aquí.

OLVIDE TODO LO QUE LE ENSEÑARON

Uno de los conceptos que más le cuesta a la gente entender es que la evolución no persigue ningún fin. La evolución nunca se plantea dónde irá antes de llegar ahí, simplemente se desborda en todas las direcciones, como una alfaguara que exultante sangra la montaña dejando surgir miles de manantiales al unísono, para permitir, finalmente, que sólo unos pocos de ellos terminen en firme atanor.

Cada estructura genética lucha por su inmanencia a seguir existiendo en un proceso que Bergson llamó *élan vital* (la fuerza vital), concepto también desarrollado por Schopenhauer como «voluntad de existencia». Y ésta se centrará en aquello que necesite para mantenerse parte del ecúmene a cualquier precio. Dawkins en su teoría de «el gen egoísta» sugiere que aunque parece que los humanos nos servimos de los genes para dejar descendencia, en realidad son los genes los que se sirven de estructuras orgánicas complejas como los humanos para poder seguir existiendo de forma sempiterna generación tras generación. Ésta es la respuesta a por qué la selección natural nunca *se ha preocupado* de curar enfermedades como el cáncer, simplemente porque la gran mayoría de los individuos que mueren por tumores han hecho ya un proceso clave de la vida: dejar descendencia. Y aunque sus hijos portan ya los genes proclives a desarrollar cáncer, son individuos válidos para continuar dejando nuevos vástagos. Así de sencillo. Cosa bien distinta sería si el cáncer se diera siempre en la niñez en vez de en el climaterio, pues esos genes no podrían llegar a una nueva generación de impúberes, cercenándose su existencia en el acervo genético de las futuras generaciones.

Pero la esencia de libertad ínsita a la especie humana trae consigo la aparición de la «voluntad de acción», que es superior y primará sobre la «voluntad de existencia». Y así contamos con comportamientos que parecen violar las mismas reglas de la supervivencia genética: parejas que deciden no tener hijos, personas de costumbres disolutas que minan la salud, o incluso individuos que directamente deciden quitarse la vida haciendo suya la máxima latina *patent portae* (las puertas están abiertas). En estos casos se podría pensar que estos comportamientos van contra las leyes naturales, sin embargo -y aquí viene lo interesante- no es así. Ya Aristóteles expuso que la naturaleza no hace nada en vano, y así, ningún comportamiento que realicemos puede ir contra natura, pues es la misma evolución natural de la que nosotros -y nuestras circunstancias como diría Ortega- somos resultado.

En el momento que tomamos existencia como humanos se nos otorgan ciertos sufrimientos que ningún otro animal tiene, comenzando por sabernos mortales, pero también ciertas prebendas

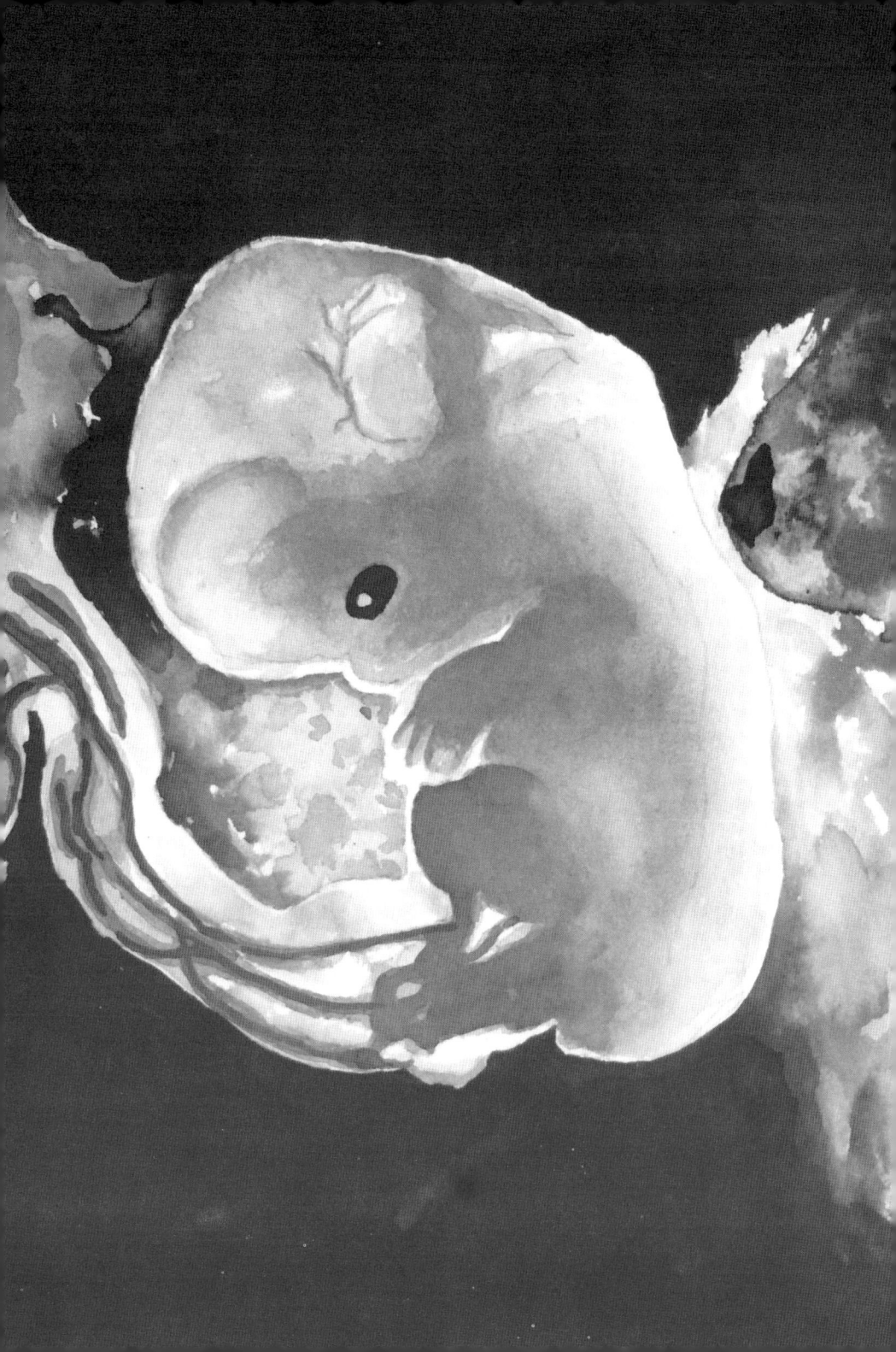

que van más allá de la fuerza de voluntad general, y que forman la fuerza de voluntad individual. Interesa recordar que «humano» no viene de hombre (*homo*) sino de tierra (*humus*), es decir, que lo realmente propio del hombre es deshacerse en polvo y volver a formar parte de aquello que una vez fue. De ahí la «humildad» (otra palabra que viene de *humus*) necesaria para entender que el estado natural de lo humano se encuentra bajo tierra y no sobre ella. *Abiit ad plures* (se fue con la mayoría), decían los romanos cuando alguien fallecía, para recordar a cada momento cual es el lugar donde más hombres habitan.

Si recordamos esto, no resultará difícil dar un valor extraordinario a este tiempo que tenemos entre las manos, y que se escapa como agua de clepsidra. Y el cómo lo disfrutemos o qué hagamos con él, va más allá de deberes morales o consuetudinarios por mucho que hayan intentado convencernos de todo lo contrario.

Sabernos ligados al único destino necesario del hombre, la muerte, nos recuerda también el fino hilo que nos sujeta a este mundo y cómo quedará segado al primer toque del dalle. Como ese embrión de polluelo, que dentro del huevo queda unido a la cáscara por medio de la chalaza, una hebra casi invisible que le permitirá respirar a través de la porosa estructura cálcica. Pues sin esa frágil e hialina puerta con el mundo exterior no habría posibilidad de que el embrión venciera la entropía que crece a cada instante dentro de sus mismas entrañas, aún por formar. De la misma manera está el hombre dentro de su reino de cristal, por un lado dependiente de una ingrávida y delicuescente hebra, pero por otro lado completamente soberano de ella y de decidir si tenderla a nuevas generaciones, jugar con ella hasta la extenuación, o simplemente cortarla.

NI CREYENTE, NI AGNÓSTICO, NI ATEO

Siempre que en una reunión sale el tema de dios, la gente intenta que rápidamente uno se ubique en una de las categorías acomodaticias que creen conocer: creyente, agnóstico o ateo. Y digo *creen* porque normalmente ignoran que agnóstico no se refiere a quien ni afirma ni niega a dios, sino a quien declara la incapacidad del ser humano para llegar a lo deífico, es decir, que el agnóstico se subyuga en un primer momento declarándose en un plano inferior sin ni siquiera entrar a valorarlo. Mala cosa.

Ortega decía que ser de izquierdas o de derechas es una de las infinitas formas de la estupidez humana -pues quien tiene ideología no tiene ideas propias, sino que le son otorgadas en bloque-, y de igual forma, tener una doctrina de fe otorga al individuo prebendas similares, esta vez para los tremedales del alma. Y así, creyentes y ateos practican -en puridad- *actos de fe* de existencia o negación de algo que ninguno de ellos sabe realmente a qué se refiere.

Y es que la clave del asunto radica en entender qué es el concepto *dios*. Wittgenstein incidía en que todo lo que somos capaces de expresar con el lenguaje forma parte del universo del individuo, y así, creamos a dios simplemente con nombrarlo. Porque dios existe en cuanto que la palabra *dios* existe; y como todo concepto abstracto, se erige como una crátera donde volcar con mayor o menor medida la subjetividad del individuo. Dios es creación humana al igual que otros conceptos abstractos como amor u odio. La mayor diferencia estriba en que los conceptos abstractos se extraen siempre *a posteriori*, es decir, que para conocer qué es el *amor* necesitamos observar primero *actos de amor* y entonces sacar una esencia que estará siempre sesgada por el mismo individuo y sus experiencias, mientras que a dios se le intenta dar una inmanencia ingénita anterior a cualquier tipo de acto, lo que se conoce como aseidad.

Baudelaire expuso que el mayor triunfo de dios había sido llegar a reinar sin haber tenido que existir siquiera, pues con que esté en la mente del hombre es suficiente. Y aquí llegamos a lo interesante del asunto. Si el hombre puede conocer qué es dios de alguna manera, lo anula inmediatamente, pues como decía Spinoza: «un entendimiento finito no puede comprender lo infinito», y así la mente sólo puede entender aquello que es capaz de contener. Y si dios cabe ahí, lo estamos limitando, como querer meter el vasto mar en un dedal, y por tanto, haciendo de él algo humano, no divino.

Para el niño, la madre es dios, para el enfermo, el médico es dios, para muchos argentinos, Maradona es dios. Vamos, que el concepto de dios posee una motilidad cambiante similar a la de los estados de la persona en cada momento de su vida. «A un hombre puedes quitarle sus dioses, pero sólo para darle otros a cambio», decía Jung,

incidiendo en que el hombre de la calle buscará indefectiblemente su propia ilécebra para poder asirse en los momentos de zozobra, y usarlo de efugio cuando quiera almibarar el desvelo por la incertidumbre venidera. En esta misma línea se pronuncia el viejo dicho «no hay ateos en las trincheras», atribuido al miliciano William J. Clear, que porta gran dosis de veracidad siempre que se tenga en cuenta la parte contraria, *tampoco hay creyentes en las trincheras*, pues aún no se conoce a un solo hombre que cuando oye endechas y ve pasar crespones, torne feliz recordando las sinecuras empíreas con las que le dijeron sería premiado en el momento de pasar al otro lado del espejo.

Otra cosa importante a aclarar es que no es lo mismo *ser creyente* que *tener fe*. Lo primero necesita de la preposición *en* pues se cree en algo, mientras que el segundo se complementa por sí mismo de mil maneras sin necesidad de dependencia con ninguna celsitud, como cuando encontramos la magnanimidad del hombre de buena fe que concibe el futuro como *azar positivado*. Y eso poco a poco nos conduce al quid de la cuestión, donde la postura más noble con el concepto mismo de dios sería que la persona jamás tuviera que definirse en torno a él, ni dios apareciera de ninguna manera bajo el espectro limitador del hombre, pues éste siempre termina por hacerlo tan pequeño y miserable como él mismo.

Pero no olvidemos que la pregunta clave en toda esta tremolina -a diferencia de lo que se piensa- no es si el hombre cree en dios, sino si, realmente, dios cree en dios. En esas estamos.

TU OPINIÓN NO IMPORTA NADA

Tu opinión no importa nada, ni la suya, ni la de ellos. No, tampoco la mía. «Un caballero se avergüenza de que sus palabras sean mejores que sus hechos», decía Cervantes, y así las palabras son livianas y vuelan como hebras de diente de león mientras que los actos se erigen como sólido robledal y fundamentan lo que en realidad somos.

Por tanto, hay que entender que los desvelos causados por las opiniones ajenas, dependen más de las mismas personas que los sufren, que de quienes los profieren, pues aquéllas se sienten zaheridas muchas veces por el más mínimo desdoro, como si las palabras fueran venablos que lanzados desde una tronera laceraran sus mismas entrañas. No viene mal recordar que a diferencia del cuchillo, que amolado cercena la carne, las palabras tienen el filo que nosotros queramos darles, y así, seremos capaces de volverlas romas y mochas en el momento en que -como decía Cicerón- entendamos

que la conciencia que tenemos de nosotros mismos importa más que la opinión de todo el resto de los coetáneos juntos.

Pero éste es un tema que no es nada nuevo, ya Cervantes nos sorprendía en su obra magna con una ínclita diatriba sobre la opinión de quienes intentaban deslustrar sin saber de que hablaban: «no os enfadéis por los comentarios y opiniones de curas y niños pues ambos hablan sin la autoridad de la experiencia y no tienen potestad alguna puesto que sólo hablan de oídas y sin saber, por lo que pueden vituperar pero no dañar». Amen. Y así vamos siendo conscientes de que en todas las épocas incluso los más excelsos autores tuvieron que sufrir los baldones y oprobios de cobardes áspides y helmintos, que desde la seguridad del púlpito -ahora de la red- lanzaban sus imprecaciones a todo el que quisiera andar con la cabeza erguida.

Los medios tampoco suelen ayudar en este tema, pues muchas veces difunden meros murmullos, alzando como voz general, la de unos pocos particulares. Y así hacen confundir la *opinión publicada* con la *opinión pública*, y vemos a menudo supuestas exaltaciones de la masa en *quorum*, que en realidad no lo son, como si se intentara hacer que el efecto viniera antes de la causa, y por supuesto, forzar una situación de alarma o rencor exacerbado que en realidad no existe.

Luego está el intelectual, que suple la falta de coraje con ideología política y actualidad, siempre de aquí para allá, con la única intención de estar en el candelero a toda costa, con más caras que cuartos tiene un hotel de putas. Y no, claro que no me convencen, «boca sin manos no eres de fiar», reza el *Cantar de Mio Cid*. Pero en ocasiones uno ve que tristemente la gente no quiere realidades sino certezas, aunque éstas sean falsas. Porque construir una *verdad* es mucho más fácil que observar la complejidad de la realidad y dar una idea fidedigna de ésta. Aunque sin duda, lo realmente difícil es actuar según se piensa, para que las cosas no se queden sólo en opiniones formadas por palabras hueras, que dan forma pero no fondo.

Ya nos anticipó Heidegger que el individuo no es consciente de que la mayor parte del tiempo no habla, sino que *es hablado*, que no piensa, sino que *es pensado*. Que se dedica a repetir el credo que oye en la radio, lee en la prensa y ve en la televisión, con résped y aviesa intención las más de las veces, y lo que es peor, sin pensarlo ni hacerlo suyo, pues si lo hiciera necesitaría días y días de maduración, y claro, no está dispuesto. Y al final ya se sabe, uva agraz, pensamientos hebenes. Y es ese mismo *hombre masa* -como lo llamaba Ortega- quien aúna infinitos deseos de notoriedad frente a los demás, a la par que rezuma una radical ingratitud e inquina a todo lo que le rodea, especialmente a sus conterráneos más cercanos.

Y vemos que quien se encuentra embarcado en una particular singladura no perderá el tiempo en discusiones con quien no lo merece, pero la gente que vive de opinar y de ser opinada, se encuentra vacía de destino y de poder aportar realmente a los demás y en última instancia a ellos mismos. Así que téngalo claro a cada momento: la opinión no vale nada, el pensamiento algo, pero la acción, la acción amigo mío, lo vale todo.

N O S C E   T E   I P S U M

Si tuviera que definir en una sola frase la enseñanza última que esconden todas las distintas corrientes filosóficas, usaría la expresión latina *nosce te ipsum* (conócete a ti mismo), pues sin duda es el eje central sobre el que se fundamenta la ingente balumba de las distintas escuelas de pensamiento, desde las prístinas filosofías orientales y griegas hasta las postrimeras de la sociedad actual.

No es casualidad que *persona* en griego signifique «máscara» (*prósopon*), pues la salida del individuo a la sociedad exige la imposición de algo ajeno a sí, algo que se le impondrá y que hará suyo sin ser siquiera consciente, pero que después le tomará toda una vida de esfuerzos ímprobos y búsqueda denodada para llegar a atravesar esa linde, esa capa rayana que separa quien uno cree que es, de quien de verdad es. El hombre se ve obligado a mentirse a cada momento, y muchas veces sin ser consciente de ello. Y así como mentir a los demás resulta fácil, y en ocasiones provechoso -como quien vive con ínfulas de calandria-, mentirse a uno mismo siempre sale caro, pues iremos viviendo una vida que no es la nuestra, para llegar a una muerte que sí nos pertenece. «La vida no vivida es una enfermedad de la que se puede morir», reza una de las máximas de Jung.

Y es que hay dos tipos de personas, las que viven en lucha continua por conocerse a sí mismas, y el resto. Incluso cuando se intenta vivir a través de otro, por ejemplo, cuando se relega la existencia a un amor filial o de coyundas, hay que saber quién es uno. Como decía Ayn Rand, hasta para decir «yo te amo» hay que saber decir «yo». El problema viene en que evitamos el encuentro con nosotros mismos, y nos vamos dando esquinazo un día y otro. Pero ya se sabe que nadie puede huir de su propia sombra, por mucho que uno corra. «Algún día, en cualquier parte, en cualquier lugar, indefectiblemente te encontrarás a ti mismo, y ésa, sólo ésa, puede ser la más feliz o la más amarga de tus horas», escribía Neruda.

Todas las desdichas del hombre derivan del hecho de que no es capaz de estar sentado tranquilamente, solo, en una habitación, sentenciaba Pascal; porque en ese momento tiene que enfrentarse a una presencia umbrátil que va más allá del ego y que constituye lo que realmente uno es, y claro, se resistirá como gato panza arriba, usando los subterfugios y andróminas necesarios antes que darse cuenta de que nosotros mismos somos los culpables de la mayor parte de los males que nos acucian. «Soy el cuchillo y la herida», sentenciaba Baudelaire.

Memoria (pasado) e incertidumbre (futuro), son las dos grandes cuentas pendientes que tenemos con nosotros mismos. Pero uno puede ir derrumbando cada una de las supuestas verdades que nos

contaron, como que el pasado no puede cambiarse. El pasado varía de igual manera que cambiamos nosotros, pues la percepción de aquello que sucedió *ayer* depende de quienes somos *hoy*, y no de quien éramos entonces. Y así, lo que se tornaba lacerante y mordaz, hoy queda lenificado a simple anécdota o experiencia vivida. Otra de las grandes angustias del hombre la constituye la sensación de desamparo ante el futuro. Kant decía que la verdadera valentía de un hombre se mide por la cantidad de incertidumbre que es capaz de soportar; con amor y sin odio, me gusta añadir a mí, pues aceptar que no estamos aquí para ser felices sino para luchar por serlo, nos asegura que nadie podrá arrebatarnos nuestro destino. Quien sólo se encuentra bien cuando es feliz, se encuentra en una situación de indefensión e inestabilidad continuada, a merced de cualquier vaivén del destino. «He sido un hombre afortunado en la vida, nada me fue fácil», sentenciaba Freud, aludiendo a que la misión final de cada uno de nosotros es encontrar nuestra particular lucha, y ser conscientes de que sólo en ella podemos terminar entendiendo realmente, quiénes somos.

Otra de las ideas nefandas que se nos impone, junto con la *máscara social*, es que en la vida no hay nada superior a saberse amado. ¡Qué villanía y sentimiento cainita someternos al ego!, cómo cambia la vida cuando uno se da cuenta de que no hay nada superior a amar, mucho más que saberse amado. «La belleza de las cosas existe en el espíritu de quien las contempla», decía Hume. Por eso el amor de una madre es siempre superior al de un hijo, por muy alto que sea el de éste.

Termino ya, recordándole que todos los cementerios están llenos de gente que se consideraba imprescindible, y claro, sufrir porque dentro de cien años no estaremos aquí, resulta tan pueril como llorar porque hace cien años no estábamos. Saberse muerto comparado con la escala de la eternidad del universo, libera al hombre de pensar en que va a morir y le permite pensar en el comienzo de la vida. Porque, como decía Marco Aurelio, nadie pierde otra vida que la que vive, y no vive más vida que la que pierde, aunque viviera tres mil o treinta mil años.

~

David Gascón

Ingeniero Informático reconocido por la Real Academia de Ingeniería como el joven Investigador más importante de España en 2018, y galardonado como Innovador del Año por el Massachusetts Institute of Technology (MIT). Co-fundador de Libelium, empresa que desarrolla sensores inteligentes para conectar el mundo a Internet. Ha colaborado con la NASA para el envío de sensores al espacio, y con National Geographic para la monitorización de volcanes activos.

Bajo el nombre artístico de David Meiser es productor de música electrónica en diferentes sellos de todo el mundo, y ha sido consagrado como artista internacional en Europa y América Latina.

Memento Mori es el salto de Gascón al mundo de la escritura y se plantea como el campo de pruebas para la creación de su primer libro ya en desarrollo.

http://davidgascon.com

Víctor Pastor

"Original maridaje de expresionismo alemán y tenebrismo español".

Apasionado de la buena música y curioso, comenzó a manchar lienzos en 2003. El camino es largo pero su brocha es sincera, siendo cada uno de sus cuadros un pequeño peldaño hacia la difusa cumbre del estilo. Vito nos muestra su realidad ahumada de melancolía; que aún oliendo a relato personal, sabe a verdad universal. Le inspiran su musa y un saco inagotable de vivencias, y es de agradecer —como así ocurre— que antes de plasmar en trazos sus inquietudes, agite el pincel en sus entrañas.

Vito es el responsable de las ilustraciones de *Memento Mori*, creadas bajo la técnica de tinta china a partir de los textos suministrados por Gascón.

http://victorpastor.es

helechofilms

Francisco Bernal e Indiana Caudillo son los encargados de transformar los textos de *Memento Mori* en creaciones audiovisuales, buscando mantener la fidelidad con el contenido y encontrar en él una dimensión que vaya más allá de las palabras. Su filosofía nace del compromiso con la identidad de cada proyecto, y busca que la estética de cada trabajo surja en el proceso de acercarse al mismo concepto sin introducir ornamentos u otros elementos externos.

Ambos creadores complementan sus miradas y esfuerzos durante la preproducción, el guion, el rodaje y la edición, hasta que surge una perspectiva original al adaptar el material a un nuevo lenguaje.

http://helechofilms.com

ARTÍCULOS PUBLICADOS EN
EL PERIÓDICO DE ARAGÓN (2019)

La sacralidad de lo mundano

Un bel morir tutta una vita onora

La importancia de encorujarse

De prímulas y oropéndolas

De la importancia de tener pueblo

Sobre el gusto y el arte

Encuentra lo que te gusta y deja que te mate

De la imposibilidad de describir el orgasmo

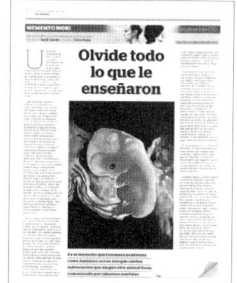

Olvide todo lo que le enseñaron

Ni creyente, ni agnóstico, ni ateo

Tu opinión no importa nada

Nosce te ipsum

EXTRACTOS

Todos los textos escritos y adaptados por David Gascón.

MM - I

«No me gustan las religiones, pero guardo un cariño especial por la liturgia.»

«Una bocanada y el humo perlado nos invade como niebla sobre la montaña, sordina para las agujas del alma.»

«Vean la *rompida* de la hora en Calanda y me dicen si son tañidos de tambores o plañidos de almas los que rasgan la negrura de la noche.»

MM - II

«Mucha gente acaba sus días en un estado valetudinario y exangüe, sufriendo los más espantosos dolores, como un pétalo marcescente que permanece unido a la flor pero que en realidad yace exánime. Y todo por no tener el cuajo y el tronío de abrazar a la muerte como adultos libres y dueños de su propio destino.»

«Porque la vida se mide en hondura y no en largura. Y así, el escandio de ésta no lo han de dar los amaneceres sino los momentos meritorios dignos de ser recordados.»

«Sólo el hombre que ha vivido de verdad afronta la muerte de cara, sin importarle cuándo ésta tenga que venir o si hemos de ir a buscarla.»

«Las vidas loables pueden ser segadas en cualquier momento mientras que las que no lo son pedirán aplazamientos para intentar sumar en anchura lo que no hicieron en profundidad.»

«La gente se permite el lujo de opinar sobre el final de sus convecinos con la seguridad del que ve la función desde la platea, sin darse cuenta de que realmente es el cadalso el lugar desde donde columbran el destino de los demás.»

«La distancia de todos los hombres con la Parca es la misma.»

«Se olvida a menudo que se soportan mejor los dolores ajenos que los propios.»

«De forma estúpida al hombre le aterra el "no ser" siendo que antes de nacer no fuimos y que dentro de un tiempo no seremos.»

«La muerte es gran lenitivo para el hombre, pues sólo en vida se alumbra el dolor.»

«Morir *de* es un acto pasivo mientras que morir *por* es un acto activo. Una acción volitiva del individuo. Y así una salida a tiempo debería ser una loa a la bravura y al valor de esa persona.»

MM - III

«Un español tiene mucho más en común con un argentino, un mexicano o un colombiano, que con la gente de ese país vecino que se encuentra a veinte kilómetros al norte de los Pirineos.»

«Tenemos la capacidad de crear o destruir el mundo que nos rodea a partir de las palabras que usamos para describirlo. No es poca cosa.»

«Mi patria está allá donde se habla español.»
(Parafraseando a Francisco Ayala)

«Perdonen que descarte los eufemismos, pero es que las jaculatorias de tálamo y alcoba no entienden de corrección política.»

«El lenguaje permite que la dispersa bruma de la memoria se torne en efigie límpida y nos permita revivir algo que jamás pensamos que podríamos volver a hacer.»

MM - IV

«Llega abril y estamos salvados, porque una vez más hemos sobrevivido al invierno, que no es una estación sino un estado de ánimo.»

«España es un país luminoso pero no cálido. Inviernos fríos y grises, otoños húmedos henchidos de ocre, primaveras tibias con luz rutilante y un estío canicular que pronto reventará el día sobre nuestras espaldas.»

«La vida siempre se abre camino, y en cada grieta del asfalto o entre dos tejas sale un retoño retador, enhiesto y desafiante que nos recuerda que la vida no pide permiso.»

«Uno se va dando cuenta de que observar con detenimiento es mucho más difícil que recordar, y recordar más difícil que juzgar, y juzgar más difícil que prejuzgar.»

«Coja la rosa en la mano, mírela de cerca y verá como la realidad es infinita. Y así cualquier intento de representarla dará como resultado un burdo remedo, como intentar dibujar un círculo con escuadra y cartabón.»

MM - V

«Tener pueblo permite al bisoño acceder a un mundo cuya realidad es mucho menos almibarada y pacata que la de la ciudad».

«Si algo me llevo de mis veranos de infancia en el pueblo es el disfrute de los mayores bailando el pasodoble, recordando como giraban agarrados por la plaza y sintiendo como después de cuarenta años juntos se necesitan y por eso se quieren, y a la vez se quieren y por eso se necesitan. Y eso es algo que nuestra generación ya no verá -y perdonen- en la puta vida.»

MM - VI

«La esencia del arte es la sensibilidad humana. De ahí que el fondo del arte hoy y en los prístinos días de la historia del hombre sea el mismo.»

«El arte siempre enfrenta al hombre con sus miedos y pasiones, y éstos no han cambiado desde que el hombre es hombre.»

«Lo que en el fondo se esconde en el arte es una puerta al conocimiento propio, pues la conciencia, al igual que el ojo, nunca sería capaz de verse y conocerse a sí misma si no es a través del reflejo de la realidad exterior que se proyecta sobre nosotros.»

«Las cosas con alma se van mostrando poco a poco, y es en ese fluir de lo inesperado donde la persona queda atrapada ante la realidad que va adquiriendo poco a poco razón de existir dentro de nosotros mismos.»

«Pobre del libro que necesita un prólogo para ser entendido, pobre del cuadro que necesita un guía para ser disfrutado, pobre de la canción que necesita un crítico para ser sentida.»

MM - VII

«La meta del hombre es el mismo camino. Vamos, que no hay meta real sino un camino que tras ser recorrido dimana nuevas bifurcaciones que hay que seguir eligiendo para continuar hacia adelante.»

«La opción del fracaso es clave para que el fin tenga sentido. Porque si no hay opción de fracaso -incertidumbre-, sólo queda esperar el devenir como efigies quiescentes. La ilusión del triunfo deriva de que he conseguido lidiar con el destino y llegar a hacer presente mi voluntad.»

«Sabernos libres asegura que, ya salgamos supérstites o claudiquemos exánimes, siempre tendremos la tranquilidad de haber podido elegir. Incluso cuando el hombre ahíto de la vida se abroquele en no tomar ninguna decisión estará decidiendo con su renuencia a ello.»

«La conquista llega, y entonces dos tipos de comportamientos dividen a las personas en sendos grupos: los que quisieran que ese excelso momento durara para siempre -cosa imposible-, y los que nos gustaría que en ese momento se acabara todo -cosa improbable-. Por si acaso, cuando tengo un momento de verdadera dicha siempre miro por la ventana por si un meteorito jalonara la tierra y llegara a culminar con benevolencia la magnanimidad de ese instante.»

MM - VIII

«Hay un tipo de experiencia sobre la que carecemos de cualquier tipo de control semántico incluso para nosotros mismos: el orgasmo.»

«El orgasmo en realidad es el único momento -si excluimos la toma de sustancias visionarias- donde la consciencia se va a permitir una desconexión de la realidad: de lo que nosotros somos, de lo que el mundo es, de lo que la memoria esconde. Fundido a negro.»

«El orgasmo se trata de una comunión personal con la última instancia del universo, y el hecho de que esté rodeada de misterio e inasibilidad nos permite disfrutarla sin vernos en la obligación de entenderla y mucho menos de controlarla.»

MM - IX

«La evolución nunca se plantea dónde irá antes de llegar ahí, simplemente se desborda en todas las direcciones, como una alfaguara que exultante sangra la montaña dejando surgir miles de manantiales al unísono, para permitir, finalmente, que sólo unos pocos de ellos terminen en firme atanor.»

«La selección natural nunca *se ha preocupado* de curar enfermedades como el cáncer, simplemente porque la gran mayoría de los individuos que mueren por tumores han hecho ya un proceso clave de la vida: dejar descendencia.»

«Ningún comportamiento que realicemos puede ir contra natura, pues es la misma evolución natural de la que nosotros somos resultado.»

«En el momento que tomamos existencia como humanos se nos otorgan ciertos sufrimientos que ningún otro animal tiene, comenzando por sabernos mortales, pero también ciertas prebendas que van más allá de la fuerza de *voluntad general*, y que forman la fuerza de *voluntad individual*.»

«Interesa recordar que "humano" no viene de hombre (*homo*) sino de tierra (*humus*), es decir, que lo realmente propio del hombre es deshacerse en polvo y volver a formar parte de aquello que una vez fue.»

«Hay que entender que el estado natural de lo humano se encuentra bajo tierra y no sobre ella. *Abiit ad plures* (se fue con la mayoría), decían los romanos cuando alguien fallecía, para recordar a cada momento cual es el lugar donde más hombres habitan.»

«La vida se nos escapa como agua de clepsidra.»

MM - X

«Creyentes y ateos practican -en puridad- actos de fe de existencia o negación de algo que ninguno de ellos sabe realmente a qué se refiere.»

«Creamos a dios simplemente con nombrarlo. Dios existe en cuanto que la palabra *dios* existe; y como todo concepto abstracto, se erige como una crátera donde volcar con mayor o menor medida la subjetividad del individuo.»

«Dios es creación humana al igual que otros conceptos abstractos como amor u odio. La mayor diferencia estriba en que los conceptos abstractos se extraen siempre *a posteriori*, es decir, que para conocer qué es el *amor* necesitamos observar primero *actos de amor* y entonces sacar una esencia que estará siempre sesgada por el mismo individuo y sus experiencias, mientras que a dios se le intenta dar una inmanencia ingénita anterior a cualquier tipo de acto, lo que se conoce como aseidad.»

«Si el hombre puede conocer qué es dios de alguna manera, lo anula inmediatamente. La mente solo puede entender aquello que es capaz de contener, y si dios cabe ahí lo estamos limitando. Como querer meter el vasto mar en un dedal, y por tanto, haciendo de él algo humano, no divino.»

«El hombre de la calle buscará indefectiblemente su propia ilécebra para poder asirse en los momentos de zozobra, y usarlo de efugio cuando quiera almibarar el desvelo por la incertidumbre venidera.»

«No se conoce a un solo hombre que cuando oye endechas y ve pasar crespones, torne feliz recordando las sinecuras empíreas con las que le dijeron sería premiado en el momento de pasar al otro lado del espejo.»

«La postura más noble con el concepto mismo de dios sería que la persona jamás tuviera que definirse en torno a él, ni dios apareciera de ninguna manera bajo el espectro limitador del hombre, pues éste siempre termina por hacerlo tan pequeño y miserable como él mismo.»

«La pregunta clave en toda esta tremolina -a diferencia de lo que se piensa- no es si el hombre cree en dios, sino si, realmente, dios cree en dios. En esas estamos.»

MM - XI

«Las palabras son livianas y vuelan como hebras de diente de león mientras que los actos se erigen como sólido robledal y fundamentan lo que en realidad somos.»

«Las palabras tienen el filo que nosotros queramos darles, y así, seremos capaces de volverlas romas y mochas en el momento en que entendamos que la conciencia que tenemos de nosotros mismos importa más que la opinión de todo el resto de los coetáneos juntos.»

«Los medios hacen confundir la *opinión publicada* con la *opinión pública*, y vemos a menudo supuestas exaltaciones de la masa en *quorum*, que en realidad no lo son.»

«El intelectual suple la falta de coraje con ideología política y actualidad, siempre de aquí para allá, con la única intención de estar en el candelero a toda costa, con más caras que cuartos tiene un hotel de putas.»

«En ocasiones uno ve que tristemente la gente no quiere realidades sino certezas, aunque éstas sean falsas.»

«Al final ya se sabe, uva agraz, pensamientos hebenes.»

«La gente que vive de opinar y de ser opinada, se encuentra vacía de destino y de poder aportar realmente a los demás, y en última instancia, a ellos mismos.»

«La opinión no vale nada, el pensamiento algo, pero la acción, la acción amigo mío, lo vale todo.»

MM - XII

«Si tuviera que definir en una sola frase la enseñanza última que esconden todas las distintas corrientes filosóficas, usaría la expresión latina *nosce te ipsum* (conócete a ti mismo).»

«No es casualidad que persona en griego signifique "máscara" (*prósopon*), pues la salida del individuo a la sociedad exige la imposición de algo ajeno a sí.»

«Así como mentir a los demás resulta fácil, y en ocasiones provechoso, mentirse a uno mismo siempre sale caro, pues iremos viviendo una vida que no es la nuestra, para llegar a una muerte que sí nos pertenece.»

«Hay dos tipos de personas, las que viven en lucha continua por conocerse a sí mismas, y el resto.»

«Nadie puede huir de su propia sombra, por mucho que uno corra.»

«El hombre se resistirá a conocer realmente quién es, y usará los subterfugios y andróminas necesarios antes que darse cuenta de que él mismo es el culpable de la mayor parte de los males que le acucian.»

«Memoria (pasado) e incertidumbre (futuro), son las dos grandes cuentas pendientes que tenemos con nosotros mismos.»

«Aceptar que no estamos aquí para ser felices sino para luchar por serlo, nos asegura que nadie podrá arrebatarnos nuestro destino.»

«Quien sólo se encuentra bien cuando es feliz, se encuentra en una situación de indefensión e inestabilidad continuada, a merced de cualquier vaivén del destino.»

«La misión final de cada uno de nosotros es encontrar nuestra particular lucha, y ser conscientes de que sólo en ella podemos terminar entendiendo realmente, quiénes somos.»

«¡Qué villanía y sentimiento cainita someternos al ego!, cómo cambia la vida cuando uno se da cuenta de que no hay nada superior a amar, mucho más que saberse amado.»

«Saberse muerto comparado con la escala de la eternidad del universo libera al hombre de pensar en que va a morir, y le permite pensar en el comienzo de la vida.»

~

GLOSARIO

abolengo - herencia, acervo
abroquelarse - mantenerse inamovible en una idea o actitud
acendrar - depurar, purificar
acervo - herencia
acomodaticio - cómodamente avenido
aferencia - señal externa
agraz - inmadura
ahíto - lleno, hastiado
alacridad - ánimo para realizar una acción
alambicado - complejo
albacea - encargado de hacer cumplir el testamento de una persona
alborear - amanecer
alfaguara - nacimiento exultante de un manantial
almizcle - perfume de origen animal
amolado - afilado
andrómina - mentira, embuste

aquiescencia - afirmación

argüir - dar un argumento

aseidad - relativo a Dios, sin principio ni fin

áspid - víbora

atanor - conducto de agua

aterido - helado de frío

aviesa - malvada

baldón - injuria

balumba - conjunto de elementos distribuidos sin orden

batahola - ruido de multitudes, algarabía

bisoño - principiante

bregar - luchar

bucólico - relativo al género pastoril

cadalso - lugar de ejecución

calandria - persona que se finge enferma para obtener comida y cama

canícula - calor agobiante, penuria

celsitud - excelencia, grandeza

cercenar - cortar

cerval - referido al miedo: excesivo

chalaza - filamento que une al embrión con la cáscara en el huevo

clepsidra - reloj de agua

climaterio - etapa en que cesa la capacidad reproductora

coadjutor - ayudante

coadyuvante - ayudante

coetáneo - que vive en el mismo tiempo

colodra - recipiente de madera para medir el vino

columbrar - atisbar desde lo alto

concupiscencia - deseo libidinoso

consuetudinario - de costumbre

conterráneo - que vive en el mismo lugar

conticinio - momento de la noche de mayor quietud y silencio
coyunda - unión conyugal, de pareja
coyuntural - relativo a determinados factores
crátera - vasija de barro alargada pensada para almacenar vino
cuita - problema, anhelo
dalle - guadaña
deífico - relativo a dios
delicuescente - evanescente
denodado - esforzado
desdorar - deslustrar, desmerecer
dimanar - surgir, provenir
disoluta - relativa a los vicios
ebúrneo - del color del marfil
ecúmene - conjunto de personas que habitan la Tierra
efigie - representación, figura
embaular - comer ávidamente y con fruición
empírea - relativa al cielo
encomiar - alabar
encomiástico - que alaba
endecha - canto fúnebre
enhiesto - espigado
enjalbegado - pintado con cal, blanqueado
enteca - enfermiza
entropía - ley de la naturaleza que dice que todo tiende al desorden
epígono - sucesor
escandio - acto de dividir algo en partes
escarificado - marcas de relieve en la piel hechas a raíz de heridas
escorzar - pintar una figura a trazos y de forma somera
esquilón - campana
estibar - colocar objetos optimizando los huecos

estulticia - estupidez

etéreo - voluble

exánime - sin vida

exantema - erupción en la piel

excelso - eminente

exonerar - librar de una carga

exornado - adornado

facundia - facilidad en el hablar

fajador - que aguanta los golpes

foráneo - de fuera

hebén - sin sabor

helminto - gusano parásito

henchido - lleno, colmado

hialina - transparente

hirsuto - dicho del pelo: duro y disperso

hontanar - conjunto de manantiales

ilécebra - ficción que consuela

imprecación - expresión del deseo de mal ajeno

ímprobo - intenso

impúber - que aún no ha llegado a la adolescencia

inane - sin sentido, inútil

inasibilidad - cualidad de lo que no se puede asir

inefable - que no se puede expresar con palabras

ingénito - que no es concebido

inquina - odio

ínsito - propio del individuo

intricado - complejo

jaculatoria - oración breve

lacerante - que corta y daña

lacerar - cortar, dañar

lacería - conjunto de elementos decorativos geométricos complejos

lenificado - suavizado

lenitivo - que sirve para calmar

libación - trago, acción de beber

licencioso - libidinoso

loa - alabanza

loable - digno de alabanza

lúbrico - libidinoso

luctuoso - triste, oscuro, relativo al luto

macilento - de mal aspecto, flaco, amarillento verdoso

marcescente - dícese del pétalo muerto pero aún unido a la flor

medroso - con miedos

melifluo - suave

miríada - conjunto numeroso de elementos

mocha - sin punta

motilidad - facultad de moverse

muladar - lugar donde se almacenan los excrementos del ganado

nefanda - malvada, que causa repugnancia

neuma - comunicación por movimientos o señas

nimbar - crear una aureola alrededor de una imagen o figura

núbil - principiante

numinoso - relativo a la magia o a los dioses

omnímodo - todo poderoso

onanismo - acto de masturbación

oprobio - injuria

oropéndola - pájaro de colores amarillentos vistosos

pábulo - comida de supervivencia

parangonar - comparar

parca - la muerte

perdulario - vicioso

pergeñar - mostrar de forma resumida y somera algo complejo
periclitado - declinado
petrimetre - sin voluntad ni personalidad
plañido - lamento de tristeza, lloro
postrimera - parte final
prebenda - beneficio dado por algo
prímula - planta con flores con de gran intensidad de colores
prístina - inicial
procaz - desvergonzado
pueril - relativo a los niños
puridad - (en puridad) en sentido lato
quiescente - que no tiene movimiento
rayana - que separa dos territorios
recamado - adornado con elementos de relieve
recua - conjunto de animales o personas
refacción - alimento de supervivencia
regato - río pequeño
renuencia - negación o rechazo de algo
résped - lengua bífida, mala intención en las palabras
roma - sin filo
roséola - marca rosada que sale en la piel
rutilante - que brilla
salaz - libidinoso
sempiterno - que teniendo principio no tiene fin
sinecura - beneficio dado por algo
singladura - distancia de viaje que el barco hace en una jornada
solaz - consuelo
solazarse - consolarse
sordina - elemento que sirve para reducir la intensidad de un sonido
supérstite - que sobrevive

tabalear - mover algo de una parte a otra

taifa - conjunto de personas sin orden ni juicio

tálamo - lecho conyugal

tañido - acto de tocar elementos percusivos o de cuerda

taracear - componer usando distintos elementos como uno solo

taumatúrgica - que tiene la capacidad de realizar prodigios

telúrico - relativo a la tierra

testaferro - persona que presta su nombre en un contrato

tráfago - cosas que causan fatiga

trasunto - imitación

trebolar - campo de tréboles

tremedal - terreno pantanoso y de poca consistencia

tremolina - bulla, algarabía

trémula - que tiembla

tronera - ventana pequeña hecha para disparar y estar protegido

umbrátil - que tiene o causa sombra

vástago - descendiente

vate - poeta

venablo - lanza, dardo

vernácula - propia del lugar de origen

vicaria - que hace las veces de otra

visaje - gesto

vituperar - insultar

vocinglera - que habla dando voces

volitivo - relativo a la voluntad

zaherido - injuriado

zaque - bolsa hecha de piel de cordero para transportar vino o aceite

Verba volant, scripta manent

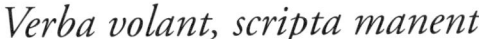

Las palabras vuelan, los escritos permanecen